斎藤一人

しあわせを招くねこ

ココロが晴れる魔法の言葉

KK ロングセラーズ

何てったってわが社のアイドル

「ここにずっといていいよ」

ひとりさんの一言で、現在まるかん本社には、ねこが三匹元気に暮らしています。

保育園の子どもたちの行列がいつも立ちどまり、ねこたちに笑顔で話しかけています。

ご近所の方たちにも、いっぱい可愛がってもらっています。

ちいちゃん（メス）、しろちゃん（オス）、みいちゃん（メス）。

ちいちゃんが親ねこで、しろちゃん、みいちゃんが子ども

です。

もともと三匹はノラねこ。

最初は本社にふらっと寄ってきた、ちぃちゃんや他のノラねこも一緒にスタッフたちがエサをあげていました。

ある雪の降る寒い日でした。痩せ細ってフラフラになったちぃちゃんが本社の前に現れ、入り口のところでバッタリ倒れたのです

ハァハァと呼吸困難になっていたちぃちゃんを急いで近くの動物病院につれていき、治療をしてもらいました。

命に別状はなかったのですが、お医者さんからは、「このまま外にいたら確実に命はなかったよ。しばらくは安静にしないといけないね」といわれたので、まだまだ弱っていたちぃちゃんをしばらく事務所においてあげよう、という

ことになりました。

数日後、元気になったちいちゃんはどこかに行ってしまいました。でも皆は「元気になったんだね」と、安心していました。

ところがその数日後、今度はケガをした自分の子どもを連れて、ちいちゃんがまたまた本社に戻ってきたのです。あわてて今度も病院に連れて行き……。

そうこうしているうちに、もう一匹の子ねこも連れてきて、親子三匹がひんぱんに本社に現れるようになったのです。

全員ねこ好きなスタッフも、三匹となるとどうしたものかと困っていました。

そんなとき、ひとりさんが

「寒いし入れてあげな、ここにずっといていいよ」
といって、事務所に三匹を迎え入れてくれました。

今では三匹とも元気に、毎日事務所を自由に歩き回って、
幸せそうにくらしています。
特に、親ねこのちいちゃんはとても元気！　時々脱走して
外に行ってしまいます。そして
「私はここにいるわよ」とアピールしながら、本社の前を
行ったりきたり。
そんなお母さんをよそ目に、子どもたちは事務所の中で、
のんびり、ごろり。

ふと、ねこちゃんたちの顔つきが、最初の頃とはすっかり
変わって、とても穏やかで優しくなっていることに気づき

ました。

このねこちゃんたちの穏やかさは、決して安らげる場所を得たことだけではないと思うのです。
「みんなに幸せを」という、ひとりさんの心が、ねこちゃんたちにも伝わっているのだろうと感じています。

ひとりさんは会社にくると
「よかったね、ここにいて。君はなんてかわいいんだろう」
と机の上で寝そべっているねこちゃんたちに毎回話しかけます。

助けたつもりが、今ではねこちゃんたちが私たちを癒してくれています。

その可愛いしぐさ、ちょっとふてくされた顔、甘えた鳴き声に。

いまや三匹は「わが社のアイドル」です。

総合プロデューサー　みっちゃん先生

目次

1章 今日はいい日だ

2章 運命はいくらでも好転できる

3章 笑顔があれば、人と気持ちよくつき合える

4章　人の機嫌をとらないで、自分の機嫌をとるんです

5章 自分さがしの旅――過去はどうにでもなる

6章 お金は愛してくれる人のところに、また帰ってきてくれる

7章 あきらめず、歩いていけばいいだけ

8章 心の中に神さまがいるから

編集協力／芦川勝代
舛岡嘉一
大塚礼子
池田英子
河野悦子
長谷川洋司

1章

今日はいい日だ

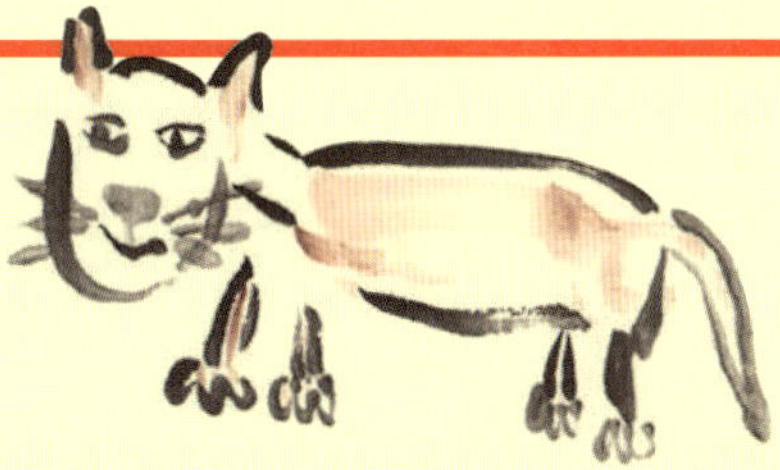

自分は、どんなときでも明るく
輝く太陽なんだ
どんなときでも、生まれてきて
しあわせだと、いい続けるんだ

01　自分は輝く太陽なんだ

私は自分に対して、こういい続けてきました。

「自分は、どんなときでも明るく輝く太陽なんだ。

どんなときでも、生まれてきてしあわせだと、いい続けるんだ」

いつも笑顔でいる。それだけなんです。

ほかの人のよかったことを、
一緒になって「よかった」と
思えるのは、心が豊かだから

02　みんなが豊かな心になったら

ほかの人によいことがあったら、心から「おめでとう」という。
それがいえないような貧しい心は、貧しいことしか呼ばないよ。
ほかの人のよかったことを、
一緒になって「よかった」と思えるのは、心が豊かだから。
みんなが豊かな心になったら、みんながハッピー。

豊かな感性を持つと、
いくらでも幸せって
見つけられるんです

03 毎日が本当に楽しい

普段の生活の中でも、豊かな感性を持つと、
いくらでも幸せって見つけられるんです。
「朝、目が覚めて幸せ」だとか、
「朝ごはんが食べられて幸せ」だとか。
「道端に咲いてるタンポポがきれいだな」とか、
「散歩の途中、あさがおが咲いててキレイだな」とか。
豊かな感性を持つと、毎日が本当に楽しいんです。

「おいしいね」っていって食べたら
「おいしいごはん」になるんです

04 言霊の魔法

ごはんを食べるときに黙って食べたら「ただのごはん」
だけど、「おいしいね」っていって食べたら
「おいしいごはん」になるんです。
「おいしい」って言葉に出すと、本当においしい味に思えてくる。
だから最高の食事なんて、わけないの。
「今日のごはん、最高だね」っていえばいいの。

自分の意思で
いくらでも、幸せの方へ
心を向けられるんですよ

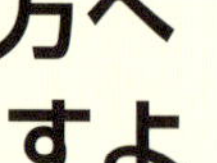

05 明日も幸せに気づける

いろんなことを「幸せだ、幸せだ」って気づける人は、
明日もたくさんの幸せに気づけるんです。
なぜかって言うと、幸せとは〝意思〟なんです。
自分で方向づけることができる。
自分の意思でいくらでも、
幸せの方へ心を向けられるんですよ。

幸せな人はね、幸せな考え方
をするから幸せなんだよ

06 「楽あれば苦あり」は違うよ

「楽あれば苦あり」っていうけど、それは違うよ。
楽だったら、苦しいことなんかなくてもいいじゃないの。
「苦あれば楽あり」っていうけど、
苦しいことの次には、苦しいことしか来ないんじゃないかな。
幸せな人はね、幸せな考え方をするから幸せなんだよ。

「はじめに言葉ありき」だ

07 最低40回は、いったほうがいいですよ

「今日はいい日だ」を一日最低四〇回、声に出さなくてもいいです。

出してもいいです。

「今日はいい日だ」と何回もいってみてください。

一日最低四〇回は、いったほうがいいですよ。

あなたのからだに奇跡が起きます。

キリストがいったように「はじめに言葉ありき」です。

どういうことかというと、

自分が「いい日だ」と思ってなくてもいいから、先に「今日はいい日だ」というのです。

鏡を見て
笑顔のチェックが、つきを呼ぶ。
口の両端を上げて
頬の筋肉を持ち上げよう

08 つきを呼ぶ一番のカギ

笑顔でいる習慣づけをしましょう。
笑顔は心を明るくしてくれるし、つきを呼ぶ一番のカギになります。
いつでも鏡を見られるように、家庭ではもちろん、
オフィスのデスクや電話の前にも
鏡を置いておき、笑顔のチェックをしましょう。
笑顔の筋肉はトレーニング次第で鍛えられるもの。
口の両端を上げて頬の筋肉を持ち上げる。
意識して筋肉を動かして笑顔をつくると、
その情報が脳に伝わって楽しくなり、
性格まで明るく改造されます。

自分が自分の人生ドラマの
主役なんだ

09 どっちのドラマを生きたいですか

みんなは、自分が主役、
それぞれの人生において、自分が主役なんだよ。
だから、一人さんは、一人さんの人生ドラマの主役。
あなたの人生はあなたが主役なんだよ。
それぞれの人生、ドラマがあるんだよ。
流されて生きるドラマと、自分が作り上げていくドラマ、
この二つのパターン。
この二つのうち、どっちのドラマを、
あなた、生きたいですか？

明日よいことがあると思ってごらん
今、幸せになるよ

2章

運命はいくらでも好転できる

成功とは旅路、
歩いてるときにドラマが起きる

10　そこで人と出会うんだよ

みんなウロウロしすぎている。
目的地を見つけたら、そこへ進むことだけ考えればいい。
成功とは旅路なんだよ。
自分が決めた道をとことこ歩いてるときに、ドラマが起きる。
そこで人と出会うんだよ。
動かないやつは、動かないようなやつにしか出会わないんだよ。
だから、ろくなドラマがない。

これで、またひとつ
魂が上に行けた

11 修行になった

私は、イヤなことを、イヤなことだと感じません。
「いい修行になったな」
「これで、またひとつ魂が上に行けた」と思うんです。
何が起きても、幸せの方向に持っていく。
これが一人さんの〝意思〟です。
幸せになるには〝意思〟が必要なんです。
不幸とは〝感情のままに生きる〟ということです。
感情に流されて生きると不幸になります。
よく、「私は不幸なことばっかり考えちゃう……」って
いう人がいます。
そういう人は、感情に流されているんです。

かっこよくないとダメだよ。
最終的にかっこいいヤツに
人はついてくる

12 本当のかっこよさって

かっこよく生きるって、取り繕《つくろ》って生きることじゃないよ。

たとえば、部下の手柄《てがら》について、上層部の人に、

「これはあいつの手柄です」

っていう。逆に、下の人が失敗したときには、

「これは私の責任です」

っていっている人のほうが、下の人から見てもかっこいい。

本当のかっこよさって、自分の人生を映画にしたときに、
自分がかっこいい主役になれるかどうかだと思う。

かっこよくないとダメだよ。

最終的にかっこいいヤツに人はついてくる。

オレたちはね、
主役で脚本家なんだよ
脚本を変えればいいんだよ

13 脚本は変えられる

なかには自分の人生は「悲劇」と決めてきてる人もいる。

そういう人の人生って、何でも悲しくて、何しても泣くんだよ。

だけど、その悲しいドラマ、本当は、いとも簡単に変えられるの。

脚本、変えればいいんだよ。

それで、オレたちはね、主役で脚本家なんだよ。

自分の人生は
喜劇って決めている

14 何が起きてもおもしろい

ちなみに、一人さんは「自分の人生は喜劇」と決めてるの。

だから、オレの人生、おもしろくてしょうがない。

何が起きてもおもしろいんだよ。

だって、オレは、喜劇なんだよ。

人間は人に愛をあたえるために
生きている

15　他人に何をあたえられるか

人間は人に愛をあたえるために生きています。
自分から生きる楽しみを奪ってしまった人に、
そんなことはできるはずがありません。
イライラしている人は、他人にイライラしかあたえません。
ビクビクしている人は、他人にビクビクしかあたえません。
借金をして困っている人は、
他人に「借金をして困った」しかあたえません。
これをもらった人は気の毒です。
イライラして、ビクビクして、
「借金をして困った」人になってしまうのですから。

これからは「まあ、いいか」を
口ぐせにしてごらん

16 グレーゾーンっていうのがあるんだよ

世の中のことは全部白か黒に分けられると
思っているかもしれないけど、グレーゾーンというのもあって、
グレーゾーンが広いほうが楽しく生きられるんだよ。
グレーゾーンが狭い人は、心の幅が狭いから、
商売もうまくいかない。
それに正しく生きたから楽しいのかというと、
正しく生きている人ほど辛いんだよ。
だから、これからは「まあ、いいか」を口ぐせにしてごらん。
そのとき力を入れて言っちゃダメだよ。
力を抜いて、ダラッとした感じで、「まあ、いいか」。
そういっていると、
だんだんグレーのゾーンが広がっていくよ。

運命はいくらでも好転できる

17　私も運命論者なんですけれど

おおざっぱにいって、世の中には二通りの人がいます。
一つは「運命なんかないんだ」という人。
「この世で起きることは全部偶然なんだ」という考えかたの人です。
もう一つは、「運命があるんだ」という運命論者。
ほとんどの運命論者は、
「この世で起きることはすべて、運命でもってガチガチに
決まっているんだ」みたいなことをいいます。
私も運命論者なんですけれど、ただ、私は、
「運命はいくらでも好転できるんだ」
と思っているんです。

「みんな、がんばってるね」

18　歩いていく勇気が湧いてくる

「みんな、がんばってるね」なの。
そういってあげたとき、相手は思う。
「ああ、自分のことを認めてくれる人がいたんだ」
そうすると、心に灯がともって、歩いていく勇気が湧いてくる。
説教されたって、何をやったって、人は動けない。
わかんないって、わかる必要はない。
駆け足が急に速くなるとか、歌がうまくなるとかってない。
大事なのは、その中でどうやったら
自分がしあわせに生きられるかなんです。

ゆっくり歩いてもいい、
休んでもいい

19　どこまでも
ずっとずっと続く道

この道
ゆっくり歩いてもいい
休んでもいい
どこまでも続くお花畑
来世も　そのまた来世も
どこまでも　ずっとずっと
続く道

幸せというのは与えられるものじゃないの。
勝ち取るものなの。
自分の考えを好転させて、
好転させて、好転させてね。

3章

笑顔があれば、人と気持ちよくつき合える

ふだん笑顔の少ない人は、
自然に笑えない。
だから、笑う練習は必要です

20　人間関係をよくする一番のコツは

笑顔の練習をすることって大事ですね。
ふだん笑顔の少ない人は、笑顔をつくる筋肉が落ちていますから、
自然に笑えない。
だから、笑う練習は必要です。
笑顔が美しければ美しいほど、感じのいい人になれます。
あなたが笑顔で挨拶すれば、
相手の人は「この人はいい人ね」と思うでしょう。
笑顔があれば、人と気持ちよくつき合えます。
相手によって接し方を変えたりせずに、だれに対しても、
どんなときもいつもおなじ笑顔。
それが人間関係をよくする一番のコツ。

私もしあわせ、
あなたもしあわせ。よかったね

21 考え方が違っても仲良く暮らせる

この地球というのは、
考え方の違う人間も仲良く暮らせるところなんです。
みんな、考え方が違う。個性も違う。
それは神さまが与えてくれたものだから、いい悪いはない。
正しいとか、正しくないとかってない。だから、
「私もしあわせ、あなたもしあわせ。よかったね」
なんです。

どの花も、
いっしょ懸命、咲くんだよ

22　あーだ、こーだ、ヨソと見比べても

ユリの花はね、ダリアにあこがれないんだよ。
桜の花はね、ハスの花にあこがれたりしないんだよ。
タンポポはタンポポで、精いっぱい咲いてる。
どの花も、てんでんに、いっしょ懸命、咲くんだよな。
わかるかい？
そうやって、みんなも、精いっぱい自分の花、咲かせてさ。
元気に堂々と咲いてりゃ、いいんだよ。
それを、誰かが勝手に決めた基準を持ちだして、
あーだ、こーだ、ヨソと見比べて、落ち込んで。

自分の「いいとこ」を発見できると
他人の「いいとこ」も発見できる

23 逆に自分のあらさがしばかりしている人は

自分の「いいとこ」を発見できるようになると、
他人《ひと》の「いいとこ」も発見できるようになってくる。
逆をいうと、自分のあらさがしばっかりしてるような人は、
自分のだけでなく、他人の欠点も発見できるんだよ。
素晴らしいことに、他人の欠点は山ほど、
自分の一〇倍ぐらい、見つけちゃうんだよ（笑）。

今、しゃべっている言葉に
愛はありますか？

24 心が豊かにならないと

あなたの言葉に、愛があるだろうか。
しゃべっている言葉に、心の豊かさがあるだろうか。
心が豊かにならないと、
実際に豊かになれない時代がきたんですよ。

たとえ裏切られても、
「人を信じる」という
信念は変えない

25　人を信じることをやめたらダメなんです

これから人を育てようと思うなら、

「君ならできる！」「あんたならできる！」

と、相手を信じる気持ちがないとできません。

「この人、ほんとにできるかしら」「こんな成績じゃ、ダメよね」

なんて思っていたら、育てられないんです。

「君ならできる！」

って、何度もいってあげてください。

たとえ、信頼を裏切られたとしても、です。

人を信じることをやめたらダメなんです。

例外がでてきたからといって、
信念を変えてはいけないんです。

「隣人を愛せよ」というけれど、
お互い波長が合わなかったら、
それは会ってはいけないということ

26　争いごとが一番よくない

「隣人を愛せよ」というけれど、お互い波長が合わなかったら、
それは会ってはいけないということ。
世間は、やれ親戚だから、
兄弟だから離れてはいけないというけれど、
離れても親戚は親戚です。
兄弟は兄弟です。
離れられない理由を先に考えるのはいけない。
本当は離れられるんです。争いごとが一番よくない。
争いごとをするのだったら、離れるほうがいい。
新幹線にまともにぶつかったら、死んでしまうから。
二、三メートルぐらい下がれば、
風が吹くぐらいで済むでしょう?
ちょっと避ければ、風しかこない。

鈍感な人は
頭が悪いのではなくて、
性格が悪いだけ。
人に対する心の配慮がないだけ。

27　だから人の話をよく聞くこと

魅力とは愛です。思いやる気持ちです。
相手のことを思いやれば、たいがい魅力は出てきます。
四六時中自分のことばかり考えている人は、
人のことに考えが及ばない。
鈍感な人は頭が悪いのではなくて、性格が悪いだけ。
人に対する心の配慮がないだけ。自分のことしか考えないから、
相手のいうことがわからないだけ。
だから人の話をよ〜く聞くことですね。
じっくり聞くことに徹する。
それからどうするかを考えるのです。
そのほうがハタから見たって、
どこから見たって立派に見えます。

自分にも好きな人がいる。
相手にも好きな人がいる。
よかった。よかった

28 好きなものは、いくつあっても悩みじゃない

好きになった相手に、自分以外にも好きな人がいても、
全然問題じゃない。
好きなものは、いくつあっても悩みじゃない。
「あなたには、ほかにも好きな人がいたのね。よかった、よかった」
ということだから、悩みでも何でもない。
本当に悩まなければいけないのは、
好きな人も、好きになってくれる人も、
ひとりもいないということなんです。
自分に好きな人がいる。
相手にも好きな人がいる。
よかった。よかった。

ひとり

自分の周りに
しあわせな人がいっぱいいるから、
しあわせな人に囲まれているから、
しあわせなんだよ

29 このなかで、人にできることって

人間、経済的に豊かになってきたら、
「もっと、もっと」と考えるよりも、
「このなかで、人にできることって、なんだろう」って。
そういう生き方してたほうが自分は楽しいし、
自分の周りの人もしあわせでいられるんだよね。
で、自分の周りにしあわせな人がいっぱいいるから、
しあわせな人に囲まれているから、しあわせなんだよ。
そういうしあわせをね、豊かさを、
できるだけたくさんの人が感じてくれたらうれしいよね。

笑顔で愛のある言葉をしゃべろうよ。
今、自分の目の前にいる人たちのために、
全力を尽くす。
愛のある顔と愛のある言葉をしゃべる。
これに全力を尽くす。

4章

人の機嫌をとらないで、自分の機嫌をとるんです

「自分を許します」と
いってみてください。
心のコリが取れて
人を許せるようになります

30　ほとんどの人は自分を許せない

「あの人を許せない自分を許します」と。

自分を許せない人なんかいないと思っていませんか？

ところが、ほとんどの人は、自分を許せないんです。

たとえば、いじめられても反撃できない自分が許せない。

いわれ放題で、じっとうつむいていた自分が許せない。

さあ、許せない自分の心のコリを取ってしまいましょう。

その方法は簡単です。

パニックになりそうだったら、
「大丈夫！ 大丈夫！」と
いいつづけましょう

31　大丈夫なんです

自信を喪失して、突然、パニックになりそうだったら、
「大丈夫！　大丈夫！」
と、ずっといいつづけましょう。
すると、なんだか冷静になってきます。
ふっと一息つく。
それから、おもむろにじっくり問題の対処していけば、
本当に「大丈夫！」になります。
大丈夫なんです。人生そんなにあせることはないんです。
パニックなんか、スッとどこかに消えていますよ。

反省しているヒマがあったら、
間違ったところを
すぐ直してください

32　ズンと落ち込むのは間違い

「こういうところを直したほうがいいよ」といわれると、
ズンと落ち込む人がいるよね。あれは間違い。
直すべきところを直せばいいだけだから。
「2＋2＝3」と書いちゃって、
人に「それは4だよ」と教えてもらったら、すぐ「4」と書く。
「なんで3って書いちゃったんだろう」とか、
グズグズ考え込む必要はないの。直して、すぐ次に行けばいいの。
そして、「4」と教えてくれた人に、もっと教えてもらう。
教わっているうちにだんだん要領がわかって、
ものごとの考え方も学ぶことができる。
だから、反省なんかしなくていいんだよ。
反省しているヒマがあったら、
間違ったところをすぐ直してください。

「悩み」や「トラブル」が多い人って、
実は、神さまがすばらしいものを
備え付けてくれているのです

33 自分は何で、と思うかもしれないけれど

「悩み」や「トラブル」が多い人って、いますよね。
例えば……、生まれた家が貧乏だったり、
体が弱くて病気がちだったり、問題ばかり起こす兄弟がいたり、
親が蒸発してしまったり、親や兄弟から虐待を受けて育ったり……。
そういう「定め」の元に生まれた人は、きっと、こう思うはずです。
「自分は、なんでこんな環境に生まれてきたんだろう」。
しかし、そういう「大変な定め（ハンディ）」を持って
生まれた人というのは、
実は、神さまがすばらしいものを備え付けてくれているのです。
それは……、「問題を乗り越えるだけの強いパワー」です。

いばる人って
不機嫌なんです

34 自分の心が満たされていないから

いばる人って、「不機嫌」なんです。
いつもイライラしていて、自分の心が満たされていないんです。
自分のことを「価値ある人間だ」と思うことを
「自己重要感」っていいます。
いばってる人は「自己重要感」が足りないの。
だから、自分よりも弱い人にいばることで、
その人からエネルギーを奪って、自己重要感をうめようとする。
自分の中のエネルギーが足りなくなったら、
自分で自分をほめればいいの。特別なことをしなくてもいいの。
その日、自分がやったことを何でもいいからほめればいいんです。
「今日も、子どもに笑顔で接して、えらかったね」とか。
「満員電車にゆられて会社に行って、えらかったね」とか。
そうやって、自分で自分をほめていると、
だんだん自己重要感が満たされてくるんです。

あなたは
まったく必要のないことのために
落ち込んでいる

35　それってゼッタイ、おかしいんだよ

「方程式ができなかった」とか、
「勉強ができなかった」とか、
「いい学校に入れなかった」とかっていうのは、
要は、方程式だとか、歴史だとかができなかったんだけど。
事実上、社会へ出て、
あなたのできなかった方程式を使ったことが一回でもありますか？
一回も使ったことがないんだよね。
社会に出てから、「鎌倉幕府は何年にできましたか？」とか（笑）、
聞かれることも、まったくないよね。
だから、あなたは、
まったく必要のないことのために落ち込んでる。
それってゼッタイ、おかしいんだよ。

「不安」に行きそうな気持ちを、
「幸せ」のほうへ向けるには
「意思」がいる

36 「意思」でもっていくんです

人は放っておくと、
自分にとって「最悪な状況」を考えるようになっています。
自分の身を守る防衛本能として
「不安」がわきあがってくるようになっているんです。
不安に行きそうな気持ちを、
「幸せ」のほうへ向けるには「意思」がいるんです。
何が起こっても、幸せなことを考えるように
「意思」でもっていくんです。
「何かいいことがあったから幸せ」なのではありません。
毎日の生活の中での小さなこと、みんなが「あたりまえ」と
思って見逃してしまいそうになること。そこに、
幸せを感じていると、「上気元」になれるんです。

たとえ隣の人がブスッとしていても、
人の機嫌をとらないで
自分の機嫌をとるんです。
自分だけニコニコしているんです

37　人の機嫌をとっていませんか

あなたはどこかで人の機嫌をとっていませんか？
隣に機嫌の悪い人がいたとき、
「どうしたの？　何があったの」
って、機嫌をとっちゃダメですよ。
あちらの都合で機嫌が悪くなっているのですから。
たとえ隣の人がブスッとしていても、
人の機嫌をとらないで自分の機嫌をとるんです。
自分だけニコニコしているんです。
機嫌を悪くするのは「悪」なんです。
正しく、楽しく、毎日を生きている人が
「悪」に合わせてしまってはいけない。

自分のことがキライでも、
引っ越すわけにはいかないから、
自分を好きになるしかない

38 自分のことは好きになるしかない

「僕、自分がキライです」
とかって、いう人もいるんだけどね。
そんなこといってないで、自分のことは好きになりなさい。
「隣の人がキライだ」っていうのは、構わないよ。
相性っていうのがあるからね。
でも、自分のことがキライでも、
引っ越すわけにはいかないんだから。
自分を好きになるしかない。
それで、自分の神さまは自分なんだよ。

卑屈になってはいけません。
威張るのもいけません。

39　素直でさえあれば

素直でさえあれば、ほかの人からよいことを聞くたび、
全部自分の実力になっていきます。
でも卑屈になってはいけません。
威張るのもいけません。
そうすれば、きっと伸びますよ。

不安や心配に
なりそうになったら、
とにかくほほえめばいいの

40　心がほっとゆるむんです

神さまは、ものすごくいいものを私たちの体に備えてくれました。
心配や不安が湧きでてきたときに、
それを制御する能力を備えてくれたんです。
それは、「ほほえむこと」。
いつも顔が笑顔でいることなんです。
口角を上げてニコッとする。
笑顔にすると、心がほっとゆるむんです。
ニコニコしているうちに、だんだん幸せな気持ちになってきます。
不安や心配がなくなるようになっているんです。
だから、不安や心配になりそうになったら、
とにかくほほえめばいいの。

人間、この世に生まれた以上、最低でも一人、
幸せにしなきゃ
いけない人がいます。
それは誰かというと、「自分」です。

5章

自分さがしの旅——
過去はどうにでもなる

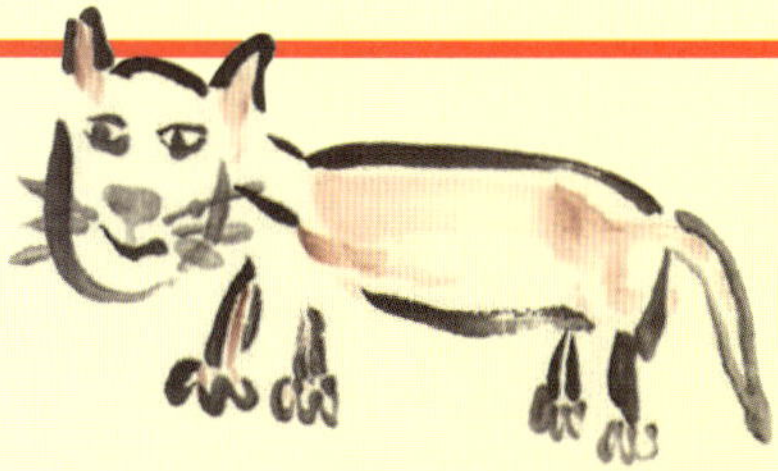

自信を失う前の自分に
会いに行く旅をするの

41　自分の記憶のなかを旅するの

一人さんの〝自分さがしの旅〟とは、
自分の記憶のなかを旅するの。
自信を失う前の自分、「否《ひ》定《てい》漬《づけ》」にされる前の自分、
こわがりだとか、心配性だとか、
そういう性質をもつ前の自分に会いに行く。
だから、「否定漬」にされる前の自分が〝本当の自分〟。
この、自分本来の姿に一回、帰ってみようよ、っていう。
それと同時に、過去に自分が失敗したこと、
恥ずかしく思ったできごと、自信を失ったことや傷ついたこととか、
思い出すといい気持ちがしないような過去を一個一個、
〝いいこと〟にひっくり返しちゃうの。
オセロで黒いコマを白に変えるみたいに、
変えちゃうんだよ。

「この思いは、
どこからきてるんだろう」って
過去にもどって考えてみる

42　自分が否定的になったとき

自分が否定的になっちゃったときね、
消極的になったり、落ち込んだり、悲しくなっちゃったときに、
「この思いは、どこからきてるんだろう」
一回、過去にもどって考えてみる。

マイナスの過去を
〝いいこと〟に解釈できると、
今、起きてることでも、
自分の思いのままになるんだよ

43　全部いいほうに、ひっくり返す

「自分がマイナスになってしまった原因は、何だろう？」
といったって、そんなに、いくつもないんだよね。
だから、マイナスの思い出を、くるっ、くるっ、くるっ、くるって、
全部いいほうに、ひっくり返す。
そうやって、どんどん、どんどん、マイナスの過去を
〝いいこと〟に解釈ができるようになると、
この先、起きることについても、
〝いいこと〟に、〝いいこと〟に解釈できていく、と。
そしたら、これからはゼッタイ不幸になんかなれない。
ずっと、ハッピーにしか、なりえないんだよ。

「自分はこうだからダメなんです」
あなたは、否定的なこと、
暗いことばかりいっているけど、
それ、本当のあなたですか

44　だから肯定的だった、本来は

「自分はこうこうこうだからダメなんです」

あなたは、否定的なこと、暗いことばっかりいってるけど、

それ、本当のあなたですか？

神が人間を創ったときには、肯定的に創ったの。

だから、人間というのは、本来、否定的じゃない。

前向きで肯定的だから、人類は進化し、文明も発展してきたの。

じゃなかったら、未来に希望も何もなくて、

「何やってもダメなんだから」って、

何もやろうとしない、進化はそこにはないんだよ。

だけど、人は文明を興して発展させてきたんだよな、って。

だから肯定的だった、本来は。

過去はどうにでもなる。
過去って、自分の頭のなかにある
思い出だから自分の好きなように
書き換えられるんだよ

45　変えちゃっても問題ないの

オレは「過去はどうにでもなる」っていうんだよ。
過去って、自分の頭のなかにある思い出だからな。
思い出ってのは、どうとでも、
自分の好きなように書き換えられるんだよ。
オレたち、歴史上の人物じゃないんだから、
そんな、歴史の教科書に載っかってるワケじゃないからね（笑）。
変えちゃっても全然問題ないの。

みんなが持ってる何か悪いものを、
心が乗り越えて、宝に
変えていけたらいいな

46　人間ってね、何か悪いんだよ

人間ってさ。
みんな、一個ずつ、いろんなもん持ってさ、行くんだよな。
人間ってね、何か悪いんだよ。
頭悪いとか、性格悪いとかな。
歯並び悪いとか、痔が悪いとかな（笑）。
何か悪いんだよ、うん。
だから、その、何か悪いものをさ、心が乗り越えて、宝に変えてさ。
一個一個、な。
神は、最初から宝をくれるんじゃない
「宝に変えるべきもの」をくれるんだよ。
それは常に困難にそっくりなんだよ。

子どもはどんなに小さくても、
完璧にすでに一個人の人格を
備えている存在なのです

47　親は考えなければなりません

日常的に暴力をふるう親がいますね。
繰り返される暴力によって育つ子どもは、
親の前に出ただけで体が震えてしまう。
暴力をふるう人それぞれに原因となるものは違いますが、
きっとそれまでの人生のどこかで
心の傷を背負って生きてきたのでしょう。
家族を精一杯愛してるのに、
愛情表現がうまくない人もいるでしょう。
でも、親は考えなければなりません。
子どもはどんなに小さくても、
完璧にすでに一個人の人格を
備えているという存在だということを。

ギャーの法則

48　脳にインプットされちゃうの

ゴキブリを見たときに「ギャー！」っていう人の場合、
元々、親やなんかが「ギャー！」っていってたんだよ。
その大人が「ギャー！」って叫んだら、子どもの脳に
「ゴキブリは怖いものなんだ」とインプットされちゃうの。
それが、ずぅーっと、現在にまで持ちこしちゃう。
一方、ポンとたたきつぶしちゃうような人の場合、
ゴキブリが出ても、家族は「なんだ、ただの虫じゃねぇか」って、
スリッパで一発スコーン！　みたいな（笑）。
そういう家で育った子って、大人になっても、
ゴキブリが出たって、なんのことはないんだよ。
過去の影響ってあるんだよ。
過去に経験をしたことが現在を作っている。

何もやらない人生、
挑戦しない人生は、
楽しくないし、つまらない

49　何かをすれば答えが出る

自分がやったことが失敗なのか、成功なのかは、
自分が一歩前に踏み出したときにはじめてわかるんです。
だから、何かをすれば答えが出る。

自分のことを「ついてない人間だ」と思っている人は何もやらない。
やらなければ、成功はないけれど、失敗もないから。
でも私から見ると、何もやらない人生、挑戦しない人生は、
楽しくないし、つまらない。
そういう人生こそが、大失敗なんです。

人間は向上することを
喜ぶように
インプットされている

50 自分の限界を越えること

この世には、人間を喜ばせてくれるもの、
いろいろな楽しみがあります。
でも、人間が永久に喜び続けることができるものは、
たった一つしかありません。
それは何か。それは、自分の限界を越えること、
そして、そのための投資をすることです。
なぜなら、人間は向上することを喜ぶように
インプットされた動物だから。

どこへ行こうが、オレの行くとこが、
いい場所。
それで、いい日は、
今。

6章

お金は愛してくれる人のところに、また帰ってきてくれる

知恵を出し切るために、
頭でも、手でも、足でも、
一生懸命に使えば、
もっとよくなります

51　一人占めせず教え合うのです

知恵を出し切っている人には、
次から次へと知恵がもらえるようになります。
知恵を出し切るために、頭でも、手でも、足でも、
一生懸命に使えば、もっとよくなります。
頭は使わないと、ボーッとしてしまいます。
でも、自分から湧き出た知恵を、出し惜しみしてはいけません。
一人占めせずに教え合うのです。
おたがいにいいアイデアが出たら教え合う。
一〇人集まると、一〇人力になるから。

この世の中って、
真剣勝負なんです

52 手を抜いちゃいけないの

お客さんてね、大切なお金を遣うんです。
大切なお金だから、買うときに迷うんです。
たくさんの商品の中からお客さんに選んでもらう。
だから、手を抜いちゃいけないの。
そこがおもしろいんです。
お客さんの期待を裏切ったらいけないの。
前のと同じレベルの物だと、裏切ってるんです。
新しく出す物は、前の物よりよくならないとダメなんです。
この世の中って、真剣勝負なんです。

欲にキリなし、
地獄に底なし

53

お金も必要かもしれないが

「欲にキリなし、地獄に底なし」です。

しあわせっていうのは、自分の心が決めるんだよ。

お金も必要かもしれない。でも、今、貧乏だから、お金を手に入れたらしあわせになれるという人は、お金を持ってもしあわせになれない。

「今、しあわせだ」と思える人がお金を持ったとき、さらなるしあわせが手に入ります。

成り金はエライ

54　好きでやってるんだから

昔から、代々お金持ちの家はお上品、と決まってるんだよ。
オレたちは成り上がり。
成り上がりには、成り上がりのよさ、というのがあるんだよ（笑）。
外車を買って、いい女を隣りに乗っけて、って、
成り上がりじゃなきゃできないことがあったりすんだよな（笑）。
それをいちいち、「自分は成り金だから」とか、いっちゃいけない。
成り金は、お客さんを喜ばせて利益を出して、雇用を作って、って。
正当なる努力をして成り金になったんだから、エライんだよ。
成り金になるのもたいへんなんですね――って、
好きでやってんだから、苦になんないの。
人生は、楽しむ気になりゃ、
どんなことしても楽しめるんだよ。

あの手、この手って、
千の手があるよ

55　別の手を出してごらん

千手観音《せんじゅかんのん》って、たくさん手のついた観音さまがいる。
人生、幸せに生きるのにも、
あの手、この手って、千の手があるよ。
うまく行かないときは、別の手を出してごらん。

頼まれたことで、
自分ができることはイヤがらずにやる。
できそうなことなら、
一生懸命やるだけ

56　できそうなことなら

頼まれたことで、自分ができることはイヤがらずにやる。
できないことを頼まれたら、見栄《みえ》をはらずに
「できない」っていうしかない。
「今すぐコンピュータやれ」
っていわれたら、私にはできない。
でも、できそうなことなら、一生懸命やるだけ。

「この人だったら部下として
ついていきたい」
という人が出世するようになる

57 大切にされる人間

技術的なことは、機械でも、要するにロボットにもできます。

知識は、今、コンピュータにも入っています。

そのなかで、大切にされる人間は、

「この人の心が素晴らしい」

といわれる人です。

知識だけ、いっぱいある人よりも、

「この人だったら、部下としてついていきたい」

という人が出世するようになるのです。

商売は冒険の旅だから
すばらしい未知の体験ができる

58 危険もつきものだけど

商売には危険や困難がつきもの。
でも、商売での困難は必ず乗り越えられる。
だから、安心して商売できる。
そのためには、まず、自分の考え方を変えること。
自分の考え方を変えれば、必ず困難は乗り越えられるから。
商売とは、冒険の旅だからね。困難にばかり目がいくと不安になる。
冒険ならば、さまざまな危険もつきものだけど、
冒険だから魅力でしょ。
すばらしい未知の体験ができるのだから。

「よかったね」のひと言を
人にいってあげられますか

59　その言葉がいえるのならば

あなたのまわりに何かに成功した人が現れます。
あなたのまわりの人間が、
宝くじに当たったり、親から財産をゆずり受けたり、
出世したりするのです。
そのとき、あなたはその人たちに対して、
「よかったね」
このひと言をいってあげることができますか。
その言葉がいえるのならば、あなたはテストに合格して、
さらにその上のレベルに上がれます。

私がお金を支払うときは
「これからひと働きしてくれるんだね。
ありがとう」とお金に感謝している

60　また帰ってきてくれるから

私がお金を支払うときは、
「ありがとう」
というの。これは受けとる人にいうだけじゃなくて、
お金にもいってるの。
「これからひと働きしてくれるんだね。ありがとう」
とお金に感謝している。こうやっていると、
お金は愛してくれている人のところへ、
また帰ってきてくれるから。

今、仕事ができることだけでしあわせなんです。
仕事は人生の修行ができて、面白くて、
お金も稼げる。
これが楽しくなくて何が楽しいの？

7章

あきらめず、
歩いていけばいいだけ

みんなが我慢して、
居づらいところにいちゃいけない。
修行ってね、みんなラクになる
ための修行なんだよ

61　居づらいところにいちゃいけない

二十一世紀っていうのは、みんながはまるところにはまって、
キレイな絵を作る。そういう時代なんだ。
みんなが我慢して、居づらいところにいちゃいけない。
ラクな方法があるんだって。
修行ってね、みんなラクになるための修行なんだよ。

いつも「上気元」な人にだけ
奇跡が起こるのです

62 普通の人には普通のことしか起きませんよ

人の機嫌には「上気元」と、「中機嫌」と、「不機嫌」があります。
いつも不機嫌な人には、不機嫌な出来事がしょっちゅう起こります。

「中機嫌」っていうのは、
機嫌がいいときもあれば、悪いときもある人。
普通の人ですね。
普通の人には、普通のことが起こります。
普通にしていて「なんかいいことありませんか？」
っていう人がいますが、
普通の人には普通のことしか起きませんよ（笑）。
いつも「上気元」でいる人にだけ、奇跡が起こるのです。

「何て自分はバカだったんだ」
ということがわかれば、
人間は進歩したことになります

63　恥をかいていいんだよ

「人間は恥をかきながら向上するんだよ」

と、私はまわりにいってきました。

そしたら、みんなが見違えるようになってきました。

私自身も恥をかいてきました。

「穴があったら入りたい」どころか、

「穴を掘ってでも入りたい」ということが、山ほどあったんです。

「何て自分はバカだったんだ」

ということがわかれば、人間は進歩したことになります。

「恥をかいていいんだよ」

失敗したのは仕方がない。
次は、ほかのやり方でやればいい

64 みんな精一杯がんばってるよね

みんな精一杯がんばってるよね。
でも、人間は完璧じゃないから、失敗することもある。
そのとき、その人を叱ったら、
ますます落ち込んで、その次からは、
始める前に、失敗したらどうしよう
ということばかり考えることになる。
イヤなことにばかり焦点をあてていたら、
その人の人生はつまらないよね。
そうじゃなくて、楽しいことを考える。
失敗したのは仕方がない。
次は、ほかのやり方でやればいいんだよ。

「幸せだな」って、
言ってごらん

65　そうすると脳が働き出す

脳ってね、「疲れた」っていうと、
疲労物質がわーって出てくるんだよ。
今日の仕事は、やりがいがあって、心地よかったなっていうと、
その物質は出方が全然違ってきちゃう。
脳って、特別なそういう働きがあるの。
「幸せだな」って、いってごらん。

とにかく「まいった」
しないの

66 「まいらない」って いったヤツの勝ち

ケンカでも何でも、「まいったか？」って聞かれて、
「まいらない」っていったヤツの勝ちなの。
だから、どこか痛くなったりしたら、
「脳がさぼろうとしてるんだ」って気づいてね。
絶対、それに負けないの。
「こいつ、またさぼろうとしてるな」って脳にいうんだよ。

うまくいかないとき
「100%、自分が悪い」
って唱えてごらん

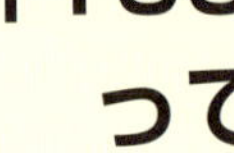

67 奇跡的に状況を好転させる成功法則

うまくいかないとき、

奇跡的に状況を好転させる成功法則があります。

それは、「一〇〇%、自分が悪い」って、心の中で唱えるんです。

「一〇〇%、自分が悪い」と思うんです。

私は、何も「自分を責めなさい」っていってるんじゃないよ。

「もう、どうしようもない」と思っていたのが、

「一〇〇%、自分が悪い」と唱えると、

素晴らしい答えが出てくる。

人間、あがけば、何とかなる
だからホントは
何でもできるんだよ

68 死にものぐるいで

何なにが、いついつまでにできないと必ず死ぬ、
ってことになったら、一人さん、
やりたくないことでも死にものぐるいで、がんばっちゃうんだよ。
だって、まだまだ死にたくないもんなぁ（笑）。
だから、人って、
ただ「五〇万円のダイヤモンド、売ってこい」といわれたんじゃ、
必死になってがんばれないか、わかんないけど、
「一カ月後に、五〇万円のダイヤが売れてない人は、
ハリツケということに決定しましたー」
っていわれたら、あなた、親から姉妹から、親戚、
長いこと会ってない友だち、いろんなとこ行くよな（笑）。
そうやって、人間、あがけば、なんとかなる。
だから、ホントは何でもできるんだよ。

たった一つの方法で、
全部の問題が解決できる

69　問題が起きたとき

私はなぜか、昔から知っていました。
問題が起きたとき〝魂を成長させる方法〟というのがあることを。
魂を成長させると同時に、
その問題を解決してしまう方法があるということを。
その方法はたった一つです。
たった一つの方法で、全部の問題が解決できます。

それは、感謝です。

「今、ここ」を成功だと
思って歩き出した人が
成功者

70 あきらめず、歩いていけばいいだけ

「今、ここ」を成功だと思って歩き出した人が、成功者です。
成功をつかんだ人が成功者なのではありません。
「成功をつかんだ」は、もう過去のこと。
成功をつかんだなら、次の目標を見つけてまた歩く。
成功という名の旅を歩き続ける人こそ、成功者です。
だから、十年先を見つめて歩き出している人は、すでに成功者です。
あきらめず、歩いていけばいいだけなんです。
成功とは旅路です。

「絶好調！　体も絶好調、恋愛も絶好調、仕事も絶好調」
っていおうよ。

するとね、だんだん、だんだん、ほんとに元気になってくる。
これが言霊なの。

8章

心の中に
神さまがいるから

みんな神なんだ

71 未熟だけど

オレたちのなかに神がいる、っていうの。
人は神さまの分霊《わけみたま》というのをもらってて。
未熟だけど、みんな、神なんだよ。

魂は死なない

72　肉体はなくなっても

オレたちは、今世、寿命がくるまで生きるんだけど。
魂は不滅だ、っていうんだよな。
肉体はなくなっても、魂は死なないんだよ。
何度もなんども生まれ変わる。
だからって、流れ流れて行くことはないんだ。
自分から行くんだよ。
オレたちは人生の指導者にならなきゃなんない。

人間って、
自分には絶対にウソつけない

73　心の中に神さまがいるから

自分の中に神がいるかどうか、わからない、って、
たいがいの人はいうんだけど、簡単にわかる方法があるの。
ウソつくと、心が苦しくなるよね。
それは、心の中に神さまがいるからなんだ。
そうさせているのが、真我という良心なんだよ。
だから、人間って、自分には絶対にウソつけない。
ウソを見破るんだよ。
その、見破っている人が神。

なんだかイヤーな気持ちが
後をひくとき

74　あなたの〝内なる神〟の合図

あなたが何か「うしろめたいこと」をしたり、
「人を傷つけるようなこと」をしたときに、
なんだかイヤーな気持ちがずっと後をひくことはありませんか？
これはあなたの中にいる〝内なる神〟が、
「ダメダメ！　〝神的な生き方〟と違う方向に行っていますよ……」
と残念がっている合図なのです。
このように、〝内なる神〟は、どんなときでも、
私たちを見守っています。

神さまが気がかりなのは、
デキのわるい子

75　みんな神の子

一人ひとりが神の子なんだよ。

一人ひとり、誰もみな神の子だと思ってる。

デキのいい子もそうじゃない子も、みな、神の子なんだよ。

だけど、神さまが気がかりなのは、デキが良くないほうなんだよ。

で、そういう子どもをかまってくれる人がいないんだよ。

そうすると、デキの良くない子を一生懸命かまってる人は、

神にとって、絶対ありがたい人。神さまが味方してくれる。

神さまや仏さまは、
サボっている人を
ちゃんとチェックしているんです。

76 全力を出し切るのです

もっと出世するはずの人なのに、いまいちの人がいっぱいいます。
それは自分の能力を出し切っていないから。
全力を出し切ると損だと思っている人がいるかもしれないけど、
そうじゃなくてね。
一生懸命に能力を出し切るのです。
神さまや仏さまは、サボっている人を
ちゃんとチェックしているんです。
上から見ている人は、
全力を尽くしている人と、
尽くしていない人がわかるんですよ。

天は感謝を知った人間に、
無意味な苦しみを
絶対に与えない

77 どう生きるかがわかったら

人間は何代も前に自分が犯した過ちを清算して清算していかなきゃいけないのかというと、必ずしもそうではありません。

日ごろから、いろんなものに感謝し、問題が出てきたら、

問題を起こさないでいてくれるまわりに感謝するのです。

そうすると、魂のステージがうんと、うんとあがってきます。

次元が全然違うところまであがるのです。

そうすると、何代も前の過ちが、わが身に返ってくることはありません。

なぜかというと、人としてどう生きるべきかがわかったら、

身をもって同じ体験をする必要はないのです。

天は、感謝を知った人間に、

無意味な苦しみを与えることは絶対にしないのです。

悪いことをして、悪いことが起きる
いいことをして、いいことが起きる

78 この世には

この世には、カルマとダルマというのがあってね。
悪いことをして、悪いことが起きるのが、カルマ。
いいことをして、いいことが起きるのが、ダルマです。
だから、ダルマで生きればいいんです。
ダルマで生きるのは、そんなに難しいことではないんですよ。
いろんなものに感謝していればいいだけなんです。

自分のすることは一点集中

79　膨大なごほうびをくれる

一番重要なのは、持ち上げられた地点に行くためには、
自分は何をしたらいいのか、それに一点集中することです。
それで、到達すれば、神様は、
「木は幹だけではつまらないから」
と、枝をつけ、葉をつけ、さらに幹を太くしてくれるのです。
膨大なごほうびをくれるのです。
これは宇宙の法則です。

意志の力でさだめは
どうにでも変えられる

80　自分の行き先は

人には、それぞれ〝さだめ〟というものがあるんだよ。
この〝さだめ〟に一〇〇の力があるとしたら、
人には一〇〇の〝意志〟がある。
〝意志〟の力でもって〝さだめ〟は、
どうにでも変えられるんだよ。
人は、流れていくこともできるけど、
自分で行く先を決めることもできるんだよ。
自分の人生は、
自分の〝意志〟でどうとでも変わる——といいたいの。

さいとうひとり公式ブログ
http://saitou-hitori.jugem.jp/

一人さんが毎日あなたのために、ついてる言葉を、日替わりで載せてくれています。ぜひ、遊びにきてください。

お弟子さんたちの楽しい会

♥斎藤一人　一番弟子 ── 柴村恵美子
恵美子社長のブログ　http://ameblo.jp/tuiteru-emiko/
恵美子社長のツイッター　http://twitter.com/shibamura_emiko
PC　http://www.shibamura-emiko.jp/

♥斎藤一人　柴村恵美子の楽しい公式ホームページ
http://shibamuraemiko.com

♥斎藤一人　感謝の会 ── 会長　遠藤忠夫
http://www.tadao-nobuyuki.com/

♥斎藤一人　ふとどきふらちな女神さま ── 会長　舛岡はなゑ
http://ameblo.jp/tsuki-4978

♥斎藤一人　人の幸せを願う会 ── 会長　宇野信行
http://www.tadao-nobuyuki.com/

♥斎藤一人　芸能人より目立つ!! 365日モテモテ♡コーディネート♩ ── 会長　宮本真由美
http://ameblo.jp/mm4900

♥斎藤一人　今日はいい日だの会 ── 会長　千葉純一
http://www.chibatai.jp/

♥斎藤一人　今日一日奉仕のつもりで働く会 ── 会長　芦川勝代
http://www.maachan.com/

♥斎藤一人　ほめ道 ── 家元　みっちゃん先生
リニューアル中

♥高津りえさんブログ
http://blog.rie-hikari.com/

♥おがちゃんブログ
http://s.ameblo.jp/mukarayu-ogata/

ひとりさんファンの集まるお店

全国から一人さんファンの集まるお店があります。みんな一人さんの本の話をしたり、CD の話をしたりして楽しいときを過ごしています。近くまで来たら、ぜひ、遊びに来てください。ただし、申し訳ありませんが、一人さんの本を読むか、CD を聞いてファンになった人しか入れません。

住　　所：東京都葛飾区新小岩1-54-5　1F
電　　話：03-3654-4949
行 き 方：JR 新小岩駅南口のルミエール商店街を直進。歩いて約 3 分
営業時間：朝 10 時から夜 8 時まで。年中無休

ひとりさんよりお知らせ

今度、私のお姉さんが千葉で「ひとりさんファンの集まるお店」というのを始めました。
みんなで楽しく、一日を過ごせるお店を目指しています。
とてもやさしいお姉さんですから、ぜひ、遊びに行ってください。

行き方：JR 千葉駅から総武本線
成東駅下車、徒歩 7 分
住　所：千葉県山武市和田 353-2
電　話：0475-82-4426
定休日：月・金　　営業時間：午前 10 時～午後 4 時

各地のひとりさんスポット

ひとりさん観音：瑞宝寺　総林寺
住所：北海道河東郡上士幌町字上士幌東 4 線 247 番地
電話：01564-2-2523

ついてる鳥居：最上三十三観音第二番　山寺千手院
住所：山形県山形市大字山寺 4753
電話：023-695-2845

斎藤一人
しあわせを招くねこ

著　者　斎藤一人
発行者　真船壮介
発行所　KK ロングセラーズ
東京都新宿区高田馬場 2-1-2　〒 169-0075
電話（03）3204-5161（代）　振替 00120-7-145737
http://www.kklong.co.jp

印　刷　（株）暁印刷　　製　本　（株）難波製本
落丁･乱丁はお取り替えいたします。※定価と発行日はカバーに表示してあります。
ISBN978-4-8454-2384-2　C0095　Printed In Japan 2016

＜写真提供＞

ユニフォトプレス　1～30、33～64、66、68～78、80
暁印刷　65、67、79